LESETHEATER

Vorlesetexte, Unterrichtstipps, Sprech- & Spielübungen

3./4. Schuljahr

Dr. Birgitta Reddig-Korn
Illustrationen: Mareike Siepmann

LESETHEATER

Autorin: Dr. Birgitta Reddig-Korn
Illustrationen: Mareike Siepmann
Layout, Grafik und Satz: Mareike Siepmann
Redaktion: Stefanie Drechsel
Druck und Bindung: Westermann Druck Zwickau GmbH, Zwickau

CH-8207 Schaffhausen
service@schubi.com
www.schubi.com

1. Auflage 2023

ISBN 978-3-07-210202-5

RECYCLED
Papier aus Recyclingmaterial
FSC® C110508

Vorwort

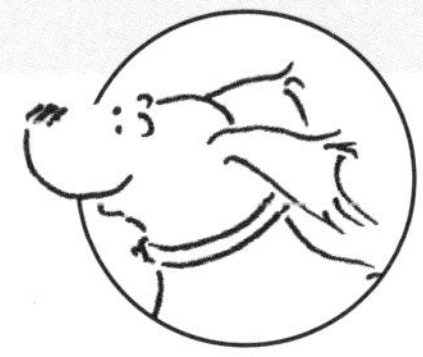

Immer noch haben mehr als 20 Prozent aller 15-Jährigen in Deutschland Schwierigkeiten beim Lesen und Schreiben. Immer wieder stellt sich die Frage, welche Fördermöglichkeiten angemessen und zielführend sind. Dies ist Grund genug, um gerade in der Grundschule den Fokus auf eine Leseförderung zu richten, die sich nicht am „Gießkannenprinzip“ orientiert, sondern systematisch und konsequent vorgeht.
Eine gute Lesekompetenz ist die Schlüsselkompetenz für eine gelingende Teilnahme an unserer Wissensgesellschaft. Ist aber keine gute Leseflüssigkeit vorhanden und bereitet bereits das Lesen und Verstehen kurzer Texte enorme Mühen, ist nicht zu erwarten, dass sich Schülerinnen und Schüler auf umfangreiche Texte einlassen bzw. dass sich Lesemotivation einstellt. Diese wiederum ist nötig, um eine grundlegend positive Lesehaltung aufzubauen.
Leseübungen hingegen stehen dem Aufbau einer nachhaltigen Lesemotivation meist entgegen, sind aber zwingend nötig, um eine gute Leseflüssigkeit zu erreichen. Was also ist zu tun?

Kooperative Lautleseverfahren, wie z. B. die **Lesetheater**, sind eine Möglichkeit die Leseflüssigkeit schwach lesender Kinder auf motivierende Art systematisch zu trainieren und zugleich lesestarken Kindern ein attraktives Leseprojekt anzubieten. Lesetheater fördern darüber hinaus auch die soziale und personale Kompetenz, da die Kinder in der Kleingruppe gemeinsam und auch eigenverantwortlich arbeiten.

Die vorliegenden Materialien zu den Lesetheatern,
angelegt für die Klassen 3 bis 4:

- erläutern Ihnen die theoretische Fundierung der Lautlesetheater,
- geben Ihnen Tipps zur Durchführung,
- bieten Ihnen 5 Lesetexte plus die bereits dazu ausgearbeiteten Leseskripts,
- stellen Zusatzmaterialien zur Verfügung,
- helfen, die Leseflüssigkeit Ihrer Schulkinder zu verbessern und
- sorgen so für ein positives Selbstkonzept in Bezug auf das Lesen.

Viel Freude damit wünscht Ihnen
Dr. Birgitta Reddig-Korn

Aus Gründen der besseren Lesbarkeit verwenden wir in einigen wenigen Abschnitten das generische Maskulinum. Weibliche und anderweitige Geschlechteridentitäten werden dabei ausdrücklich, soweit es für die Aussage erforderlich ist, mitgemeint.

I THEORIE UND METHODIK **6**

Theoretische Grundlagen 6

Das Lesetheater – Ziele und Möglichkeiten 9

Für wen eignen sich die Lesetheater? 10

Mögliche methodische Vorgehensweise 11

II SPRECH- UND SPIELÜBUNGEN **12**

Zungenbrecher 12

Wer bin ich? 13

Wie sag ich's nur? 14

Gib den Gegenstand weiter! 16

III KOPIERVORLAGEN **17**

Gruppenarbeit: So geht's 17

So werdet ihr zum Vorlese-Profi! 18

Bewertungsbogen für das Lesetheater 19

IV LESETEXTE UND LESESKRIPTE **20**

1 Der Schulhund 20

2 In Sicherheit 24

3 Der Einkauf 28

4 Der Streit 32

5 Das Schulfest 36

V LITERATURVERZEICHNIS **40**

THEORETISCHE GRUNDLAGEN

Lautleseverfahren

Lautleseverfahren zielen in erster Linie auf das Lesenlernen, auf die Erweiterung des Sichtwortschatzes und auf die Aneignung von Satzmustern ab.
Es sind geeignete Trainingsformen für leseschwache Kinder, die bereits Schwierigkeiten auf der Wort- und Satzebene haben.
Durch halblautes Vorlesen von kurzen Texten können ganz gezielt Fähigkeiten im hierarchieniedrigen Bereich verbessert werden. Für dieses Verfahren werden Texte verwendet, die den Lernenden ermöglichen, Wörter und Sätze automatisiert wahrzunehmen und zu identifizieren, beziehungsweise auszusprechen. Die Textschwierigkeiten müssen so dosiert sein, dass die leseschwachen Kinder zwar gefordert werden, aber dennoch eigene Erfolgserlebnisse verbuchen können. Das inhaltliche Lernen ist dabei vorerst zweitrangig, trotzdem ist das Engagement des Lesers, Lesefreude und Lesemotivation nicht aus dem Blick zu verlieren.
Grundsätzlich werden die Lautleseverfahren in zwei Gruppen unterteilt. Man spricht in den theoretischen Ausführungen von dem wiederholten Lautlesen und dem begleitenden Lautlesen.

Wiederholtes Lautlesen

Das wiederholte Lautlesen ist eine passgenaue Trainingsmethode, um die Automatisierung des Wort- und Satzerkennens didaktisch sinnvoll zu trainieren. Vorgehen und Ziel zeichnen sich dadurch aus, dass leseschwache Kinder im Zuge des lauten Vorlesens ihre Dekodierfähigkeiten automatisieren und sich auf hierarchiehöhere Prozesse fokussieren können.
Dazu werden leseschwache Kinder angehalten, einen bestimmten Textabschnitt mit ca. 300 Wörtern so lange übend zu lesen, bis ein zuvor festgelegter Wert an Lesegeschwindigkeit erreicht wird. Das Ziel der Förderung liegt bei 100 fehlerfrei gelesenen Wörtern pro Minute.
Der Automatisierungsprozess führt dazu, dass Wörter und bestimmte Buchstabenkombinationen sowohl im orthografischen, als auch im semantischen

Lexikon der Lesenden verankert werden. Einzelne Wörter bzw. Signalgruppen derselben, können als Ganzes abgespeichert und sofort abgerufen werden. Durch die Sichtwortschatzerweiterung steigert sich automatisch die Lesegeschwindigkeit.
Lautlesetheater fokussieren auf das wiederholende Lesen und verbessern auf eine motivierende Art die Leseflüssigkeit und, als Nebenprodukt, auch die literarische Kompetenz bzw. fördern ein vertieftes Textverständnis.

Begleitendes Lautlesen
Das begleitete Lautlesen setzt auf die positive Wirkung eines kompetenteren Lesemodells. Konkret bedeutet dies, dass ein stärkerer Leser gemeinsam mit einem schwächeren Leser Texte laut liest. Dabei übernimmt der kompetentere Leser die Rolle des Tutors und hat die Aufgabe, sinnentstellende Lesefehler zu korrigieren, dem weniger guten Leser eine angemessene Lesegeschwindigkeit zu demonstrieren und aufzuzeigen, welche Satzteile wie betont werden müssen. Der Lerneffekt des Verfahrens liegt also im Prinzip des „Lernens durch Beobachtung", da das leseschwache Kind unmittelbar das vom Tutor demonstrierte Leseverhalten nachvollziehen kann. Hierfür eignet sich bspw. das Verfahren der Lesetandems.

Auswahl der Texte
Bei der Lektüreauswahl sollte die Lehrperson auf mindestens **drei** Kriterien achten:
Erstens sollten die Texte die Leseinteressen der Kinder ansprechen. Hier eignen sich lustige und spannende Texte besonders gut. Für ein Lesetheater zuträglich sind z. B. auch verschiedene Texte aus einer Reihe, in der die Hauptfiguren unterschiedliche Abenteuer erleben, wie hier die Hauptfiguren Karamello und Anna.

Das **zweite** Kriterium bezieht sich auf die technische Ebene des Leseprozesses. Der ausgewählte Text sollte die Lesekompetenz der Kinder nicht weit überschreiten. Eine geringe Zahl an unbekannten Wörtern, ein lineares Konzept und eine angemessene Länge verhindern eine Frustration beim Üben.

Der **dritte** Punkt bezieht sich auf den Anteil der Erzählerrede. Um möglichst viele Sprecherinnen und Sprecher beteiligen zu können, sollten die Redeanteile der einzelnen Charaktere und die des Erzählers in ähnlichem Umfang vertreten oder aber so unterschiedlich angelegt sein, dass sie eine Differenzierung ermöglichen.

Die hier vorliegenden Texte entsprechen diesen Auswahlkriterien. Die daraus bereits erstellten Leseskripts erleichtern die Arbeit mit dem Lesetheater, da sie direkt eingesetzt werden können. Selbstverständlich besteht auch die Möglichkeit, dass die Kinder nach der Lektüre der Lesetexte die Leseskripte selbst erstellen, je nach Leistungsniveau differenzierend.

DAS LESETHEATER – ZIELE UND MÖGLICHKEITEN

Das Lesetheater fördert als eines der Lautleseverfahren vielfältige Dimensionen der Lesekompetenz. Der Grundgedanke dieses Ansatzes, das wiederholte Lautlesen eines angemessenen Leseskripts, fördert die Leseflüssigkeit und somit insgesamt die Lesekompetenz. Als Lesegrundlage dienen kürzere Lesetexte, die, wie bereits erwähnt, in ein Leseskript umgeschrieben werden. Dies können die Kinder, je nach Klassenstufe und Leistungsniveau, selbst tun oder aber die Lehrkraft schreibt selbst um.
Das Leseskript setzt sich aus Erzählerkommentaren und Redeanteilen der Protagonisten in der direkten Rede zusammen. Je nach Niveau können Regieanweisen eingearbeitet werden. Die Kinder sollen während der Bearbeitung durch verschiedenste sprecherische Mittel, wie z. B. Geschwindigkeit, Lautstärke, Pausengestaltung und Betonung, die Charakterzüge, Gefühle und Motive der gelesenen Figur im Handlungszusammenhang interpretieren und stimmlich umsetzen. Durch die Arbeit in der Gruppe, wie das Verteilen der Rollen, das Abstimmen bezüglich des Sprecherwechsels oder das Ausdiskutieren der Gesamtbedeutung des Textes, werden soziale als auch literarische Kompetenzen gefördert.
Das Lesetheater wird im besten Falle auch vor Publikum (Elternabend, Schulfest, etc.) präsentiert und fördert somit auch die personale Kompetenz der Kinder. Diese Lautlese-Methode ist auch eine Form des kooperativen Lernens, die im Bereich des aktiven, selbstständigen und sozialen Lernens verortet wird und sich durch eine Lernerzentrierung auszeichnet.
Die Umsetzung des Lesetheaters erfolgt in Gruppen, in denen sich die Kinder beim Aufbau von Kenntnissen und Fertigkeiten gegenseitig unterstützen. Dies hat zur Folge, dass die Lehrperson während des Lernprozesses zunehmend in den Hintergrund treten kann und das eigenverantwortliche Lernen im Team in den Vordergrund gerückt wird.
Die unaufwändige Methode ist bereits ab Klasse zwei im regulären Deutschunterricht im Rahmen der systematischen Leseförderung einsetzbar. Die vorliegenden Texte und Leseskripte eignen sich besonders für die dritte bzw. vierte Klasse.

FÜR WEN EIGNEN SICH DIE LESETHEATER?

Das Lesetheater eignet sich vor allem für Kinder, die in den hierarchieniedrigen, technischen Leseprozessen Schwierigkeiten haben. Diese Kinder können durch das wiederholte Lautlesen Worterkennungsfähigkeiten, Lesegeschwindigkeit und Segmentierungsfähigkeit verbessern.
Beim Lesetheater werden aber auch Fähigkeiten, wie das Erkennen und Interpretieren einer Innenperspektive der handelnden Personen und die Verknüpfung mit Gesellschaft und Weltwissen angebahnt. Davon profitieren auch Kinder, die auf den hierarchieniedrigen Ebenen keine Schwierigkeiten aufweisen.
Das Lesetheater selbst stellt für alle Kinder ein motivierendes Verfahren dar, das in Gruppenarbeit spielerisch und kreativ das Lesen trainiert, also fachliche, soziale, personale und methodische Kompetenzen anbahnt und festigt.

Zusammenfassung der Kompetenzen

→ Lesekompetenz
→ literarische Kompetenz
→ personale Kompetenz
→ methodische Kompetenz
→ soziale Kompetenz

MÖGLICHE METHODISCHE VORGEHENSWEISE

1 | **Zusammenstellung der Gruppen**

→ z. B. durch die Lehrperson aufgrund von Ergebnissen aus Lautleseprotokollen*

2 | **Erläuterung der Vorgehensweise beim Lesetheater**

→ Kennenlernen eines Leseskripts, Rollenaufteilung, Kriterien wie z. B. sprecherische Mittel

3 | **Einflechtung von theaterpädagogischen und sprecherischen Übungen als Vorbereitung auf das Lesetheater**

→ Beispiele siehe S. 12–16

→ Kopiervorlage „Vorlese-Profi“ (siehe S. 18) kann besprochen werden

4 | **Zuteilung der Leseskripte**

→ Berücksichtigung der Passung von Lesbarkeit des Textes und Lesefähigkeit des Kindes

5 | **Erarbeitung der Texte in Gruppen**

→ Der Lesevortrag kann von den Kindern auch mehrmals selbst aufgenommen, angehört, bewertet und evtl. nochmals überarbeitet und eingesprochen werden.

→ Starke Gruppen können zur Differenzierung nur die Lesetexte erhalten und diese selbst in Leseskripte umschreiben, oder aber die vorgefertigten Leseskripte um Regieanweisungen erweitern.

6 | **Präsentation der Lesevorträge vor der Klasse**

→ Bewertungsbogen kann von Kindern/Lehrperson genutzt werden (siehe S. 19)

7 | **Rückmeldung durch die Lehrperson und die anderen Kinder**

→ ggf. mithilfe des Bewertungsbogens (siehe S. 19)

8 | **Nochmaliges Überarbeiten der Lesevorträge und erneute Präsentation**

→ Bewertung in Schulnoten kann optional erfolgen, ggf. auf Grundlage des Bewertungsbogens

9 | **Zusammenführung der Lesevorträge**

→ z. B. bei einem Schulfest, Elternabend, o. ä.

→ Im Rahmen eines Projektes kann aus den Lesevorträgen auch ein kleines Theaterstück mit Requisiten entwickelt werden.

*Ausführungen zum Lautleseprotokoll und entsprechende Protokolltexte sind im Lehrerkommentar der Lesetandems (ISBN 978-3-86723-747-5) enthalten.

Zungenbrecher

Zungenbrecher machen Freude, fordern heraus und schulen die Aussprache bzw. die Artikulation.

Beispiele:

Bürsten mit schwarzen Borsten
bürsten besser als Bürsten mit blauen Borsten.

Wir Wiener Waschweiber würden weiße* Wäsche waschen,
wenn wir Wiener Waschweiber wüssten, wo warmes Wasser wär.

*Schweiz: weisse

Fischers Fritz fischt frische Fische,
frische Fische fischt Fischers Fritz.

Zehn zahme Ziegen zogen zehn Zentner Zucker zum Zoo.

Zwischen zwei Zwetschgenzweigen zwitschern zwei Schwalben.

Hinter Hansens Hasenhaus,
hängen hundert Hemden raus.

Wer bin ich?

Die Kinder erhalten kurze Texte in einer Unsinns-Sprache. Jeds Kind liest seinen Text zuerst leise für sich. Im Anschluss bekommt jedes Kind eine weitere Karte, auf der eine Stimmung oder eine Situation beschrieben ist. Die einzelnen Kinder dürfen nun nacheinander den Text in der angegebenen Stimmung vortragen. Die anderen Kinder raten, was vorgetragen wird. Als Einstieg in dieses Spiel sollte ein Beispiel vorgemacht und evt. nochmals erläutert werden, welche Auswirkungen die verschiedenen Satzzeichen auf die Intonation haben.

Kalaumni brompft getrecklich aum dan Truckelgarm.	Du sagst als Nachrichtensprecher das Wetter an.
Urr, Uorr! Nickeldie Bersdi. Puff magge lohne.	Du liest eine sehr traurige Geschichte vor.
Kaa! Muketer gimm wartzomer! Dapp! Paaaaaap!	Du regelst als Polizist den Verkehr.
Bole! Mole! Gause rimpel. Peukel fleukel! Vobel trei nu pi.	Du kommentierst als Reporter ein Handballspiel.
Eili ma ki eili- muhle muhle toooo.	Du schaukelst ein Baby in den Schlaf.
Graah, nuu, niiiiiii, niiiiiii, buratu us us.	Du streitest dich mit deinem Freund.
Pufzi pafzi supplamenti, eleanti, gir gar gur.	Du sagst als Zauberer einen Zauberspruch auf.

Wie sag ich's nur?

In dieser Übung, die in Partner- oder auch in Gruppenarbeit durchgeführt werden kann, sollen mithilfe von verschiedenen Begriffen (siehe S. 15) Sätze entsprechend intoniert werden. Die Begriffe beschreiben die Art und Weise, wie der jeweilige Satz zu sprechen ist. Diese Übung lässt sich mit eigenen Sätzen beliebig erweitern.

Beispielsätze:

Hast du die Salami gefressen?
Karamello sieht Erbse.
Erbse sitzt ganz oben auf dem Baum.
Ein herrlicher Tag zum Spazierengehen.
Ich will nicht zu Hause bleiben!
Ach du lieber Himmel!

Begriffskärtchen

wütend	böse	nett
lieb	gemein	fröhlich
ungeduldig	aufgeregt	lachend
flüsternd	traurig	überrascht
stotternd	schimpfend	ruhig
gruselig	hektisch	leise
schnell	feierlich	erschreckt

Gib den Gegenstand weiter!

Die Klasse steht im Kreis. Ein Kind erhält einen kleinen Ball, überlegt sich ein Geräusch und gibt dann den Ball weiter. Gleichzeitig erzeugt es das Geräusch. Das entgegennehmende Kind macht das „ankommende" Geräusch nach und fügt dann ein neues Geräusch hinzu. So wandert der Ball von Kind zu Kind, die Geräuschekette wird immer länger!

Ideen für Geräusche:

- trampeln
- rascheln
- klatschen
- schnalzen
- niesen
- räuspern
- lachen
- husten
- hauchen
- miauen
- bellen
- quaken
- piepen
- schmatzen

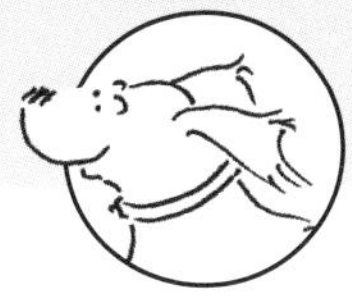

Name:

Gruppenarbeit: So geht's

1
- Jeder liest sich den Text einmal leise durch.
- Der Text kann auch zuerst von einem guten Leser oder einer guten Leserin laut vorgelesen werden.
- Besprecht, was euch an dem Text gefällt.

2
- Schaut genau, welche Rollen es gibt.
- Überlegt miteinander, wie die einzelnen Rollen gesprochen werden sollen.
- Verteilt die Rollen untereinander.

3
- Unterstreicht dann auf dem Blatt eure eigene Rolle.
- Startet den ersten gemeinsamen Leseversuch.

4
- Seid ihr zufrieden? Sprecht über euren Lesevortrag.
- Versucht es ein zweites Mal. Ihr könnt euch dabei auch aufnehmen.

5
- Hört eure Aufnahme gemeinsam an.
- Besprecht die Aufnahme. Kann noch etwas verbessert werden?
- Es ist völlig ok, wenn ihr den Text mehrmals lest, bis er sich wirklich gut anhört.

6
- Lest den Text dann den anderen laut vor.

- Ihr könnt auch ein kleines Schauspiel mit Requisiten entwickeln!

Name:

So werdet ihr zum Vorlese-Profi!

Überlegt euch:

- Wann und wo setze ich eine Pause?
- Wann werde ich mit meiner Stimme lauter?
- Wann werde ich leiser?
- Kann ich eine Geste einsetzen?
- Spreche ich deutlich genug?
- Spreche ich nicht zu schnell?
- Betone ich die wichtigen Wörter?
- Stehe ich beim Lesen gerade?
- Schaue ich mein Publikum an?
- Fange ich im richtigen Moment an zu lesen?
- Achte ich auf die Satzzeichen?

→ Tipps zum Vortragen

- Stellt euch nebeneinander auf.
- Macht ein Zeichen für den Beginn aus.
- Haltet das Blatt nicht direkt vor das Gesicht.
- Schaut die Zuhörerinnen und Zuhörer hin und wieder an.
- Denkt an Gestik und Mimik.
- Verbeugt euch zum Schluss.

Name:

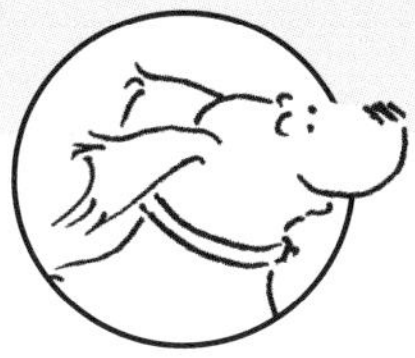

5 Tatzen
→ Klasse gemacht!

Bewertungsbogen für das Lesetheater

Vorleser/in oder Gruppe:

Klasse: Jury:

	1	2	3	4	5
Flüssiges Lesen					
Keine Lesefehler					
Verständliche Aussprache					
Passendes Lesetempo					
Angemessene Lautstärke					
Angemessene Betonung					
Sinnvolle Pausen					
Gute Zusammenarbeit mit der Gruppe					
Körpersprache und Blickkontakt					

Die Tatzen können angekreuzt, abgehakt oder ausgemalt werden.

Bemerkungen

Tatzen: / 45 Datum: Unterschrift:

Name:

1 Der Schulhund

Die Klasse 3a ist ganz leise. Plötzlich hört man ein lautes Schnarchen. Die Kinder lachen.

Afra sagt: „Oh Karamello, nicht schon wieder!“

Karamello ist nämlich eingeschlafen und schnarcht. „Chrrr, chr ...... pffff, chr, chrrr, pffff.“

Karamello ist kein Kind aus der Klasse, sondern ein Hund. Karamello ist ein Schulhund. Er gehört Anna, der Klassenlehrerin der 3a.

Bevor er zum ersten Mal mit in die Schule durfte, hat Anna den Kindern erklärt: „Es ist ein kleiner brauner Hund mit einem weichen Fell und Schlappohren.“

Und dann sagte sie noch mit einer ganz verliebten Stimme: „Er hat so schöne Öhrchen. Weich, glatt und goldbraun. Wie Karamellbonbons!“

Anna hat das Schnarchen auch gehört und lacht: „Karamello, wo bist du denn?“

In der Leseecke bewegt sich etwas. Karamello streckt sich: „Oh, ist die Schule schon aus? Das ging heute aber schnell!“

Während Karamello nachdenkt, ruft Afra: „Er ist beim Lesen eingeschlafen. Das war bestimmt eine langweilige Geschichte!“

Sie lacht: „Das hätte mir auch passieren können!“ Paul ruft: „Das wäre ihm bei einer Katzengeschichte bestimmt nicht passiert.“

Name:

Alle lachen. Die Kinder wissen, dass Karamello Katzen nicht so gerne mag!

Karamello kommt aus seinem Versteck und hält seine Nase in die Luft. Er denkt: „Wenn ich jetzt schon wach bin, dann könnte ich doch etwas essen …“

Direkt läuft er zu Afra. Sie flüstert: „Karamello, denk doch daran, wir dürfen dich nicht füttern!“

Karamello versteht Afra und läuft weiter zu Paul. Jetzt schnuffelt er am Schulranzen von Paul.

Paul schiebt ihn vorsichtig weg und sagt leise: „Lass das, Kumpel. Vielleicht nachher …!“

Anna hat alles beobachtet. Streng ruft sie Karamello zu sich: „Karamello, aus jetzt. Hierher!“

Karamello trottet zu Anna. Er fragt sich: „Warum ist Anna nur so streng?“

Er kann Anna sogar hören, obwohl sie gerade nichts sagt: „Kinder, ihr dürft Karamello nicht füttern. Das ist verboten. Es ist nicht nur verboten, es ist streng verboten. Ach was, es ist strengstens verboten!“

Karamello schüttelt sich. „Ach, ich mach mir Knoten in die Ohren!“

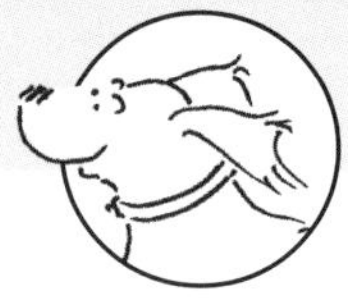

Name:

1 Der Schulhund

Erzähler: „Die Klasse 3a ist ganz leise.“

Karamello: „Chrrrr, chr ...... pfffff, chr, chrrrr, pfff.“

Afra: „Oh Karamello, nicht schon wieder!“

Karamello: „Chrrr, chr ...... pffff, chr, chrrr, pffff.“

Erzähler: „Karamello ist kein Kind, sondern ein Hund,
ein Schulhund. Er gehört Anna.
Sie ist die Klassenlehrerin der 3a.
Anna hat den Kindern erzählt, wie er aussieht.“

Anna: „Es ist ein kleiner brauner Hund mit
einem weichen Fell und Schlappohren.
Es sind so schöne Öhrchen.
Weich, glatt und goldbraun. Wie Karamellbonbons!“

Erzähler: „Aber das ist schon eine Weile her.
Jetzt kennen sich die Kinder und Karamello sehr gut!“

Anna: „Karamello, wo bist du denn?“

Erzähler: „In der Leseecke bewegt sich etwas.“

Karamello: „Ist die Schule schon aus? Das ging heute aber schnell!“

Afra: „Er ist beim Lesen eingeschlafen.
Das war bestimmt eine langweilige Geschichte!“

Paul: „Das wäre ihm bei einer Katzengeschichte
bestimmt nicht passiert!“

Name:

Afra: „Ganz sicher nicht!“

Paul: „Erinnert ihr euch noch an die Geschichte mit Erbse?“

Erzähler: „Die Kinder wissen, dass Karamello Katzen nicht so gerne mag! Karamello kommt aus seinem Versteck und hält seine Nase in die Luft.“

Karamello: „Wenn ich jetzt schon wach bin, dann könnte ich doch etwas essen. Vielleicht hat ...“

Erzähler: „Direkt läuft er zu Afra.“

Afra flüstert: „Karamello, wir dürfen dich doch nicht füttern!“

Erzähler: „Karamello versteht Afra, aber er gibt nicht auf. Er läuft weiter zu Paul und schnuffelt an seinem Schulranzen.“

Paul: „Lass das, Kumpel. Vielleicht nachher ...!“

Erzähler: „Anna hat alles beobachtet.“

Anna: „Karamello, aus jetzt. Hierher!“

Erzähler: „Karamello trottet zu Anna.“

Karamello: „Warum ist Anna nur so streng?“

Anna: „Kinder, ihr dürft Karamello nicht füttern. Das ist verboten. Es ist nicht nur verboten, es ist streng verboten. Ach was, es ist strengstens verboten!“

Karamello: „Ich mach mir einfach Knoten in die Ohren!“

Name:

2 In Sicherheit

Karamello sitzt vor der riesigen Schultür. Er schaut durch das Glasfenster und winselt. Er muss ganz dringend raus, jetzt sofort, sonst gibt es ein Unglück.

Plötzlich sieht er Erbse auf dem Schulhof. Erbse ist kein Gemüse, sondern eine Katze. Eine Katze, die Karamello ü-ber-haupt nicht leiden kann. Er vergisst, dass er mal muss.

Er denkt: „Erbse! Wenn ich dich erwische, dann, dann ...!“

In dem Moment kommt Sina und streichelt ihn: „Karamello, du Armer! Musst du raus? Komm, ich mach dir die Tür au ...“

Die Tür ist noch gar nicht ganz offen, da saust Karamello wie ein Pfeil auf den Schulhof, direkt auf Erbse zu. Sina ruft laut: „Halt, stopp, Karamello! Lass Erbse in Ruhe, du ...“

Aber Karamello erwischt Erbse gar nicht. Er hat Erbse unterschätzt.

Erbse hat sich auf dem höchsten Baum auf dem Schulhof in Sicherheit gebracht! Sie sitzt jetzt ganz oben in der Baumkrone auf einem dünnen Ast.

Sie schaut zu Karamello nach unten. Dann schaut sie nochmal und miaut.

Sie denkt: „Oh, das ist jetzt doch sehr hoch oben ...!“ Sie miaut leise.

Name:

Karamello spitzt die Ohren.

Er überlegt: „Oh je. Das klingt gar nicht gut, die Arme. Wie kommt sie da nur wieder herunter?“

Es tut ihm leid, dass er sie gejagt hat. Eigentlich mag er Erbse auch ein bisschen. Seine Ohren hängen und sein Schwanz auch.

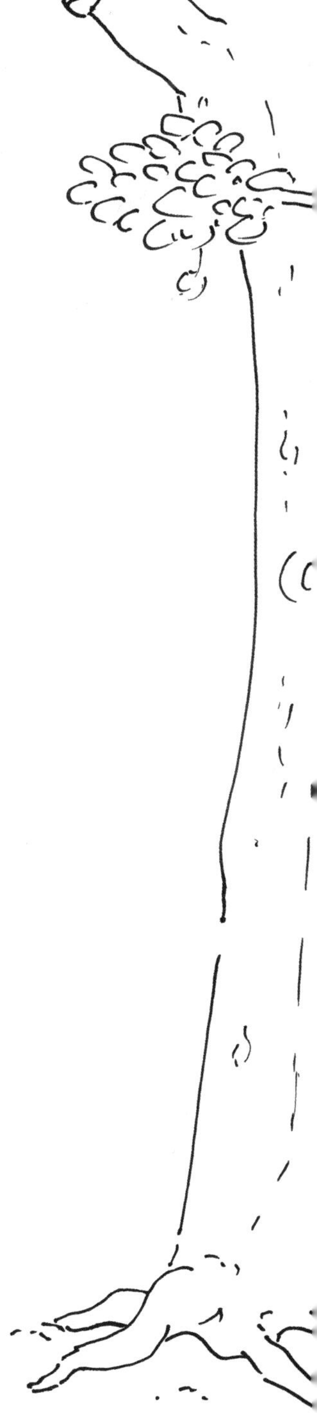

In diesem Moment hört er eine Stimme: „Karamello, wo bist du denn? Los, komm wieder herein. Der Unterricht geht weiter!“

Sina ruft ihn!

Aber Karamello hört nicht auf sie, sondern fängt ganz laut zu bellen an. So lange, bis sogar Hausmeister Kalle ihn unten am Baum entdeckt.

„Karamello, was ist denn los? Was machst du denn für einen Krach? So kenne ich dich gar nicht!“

Karamello schaut nach oben in den Baum. Kalle und Sina auch.

Der Hausmeister ruft: „Oh je, Erbse! Da ist guter Rat teuer.“

Name:

2 In Sicherheit

Erzählerin: „Karamello sitzt vor der riesigen Schultür.
Er schaut durch das Glasfenster und winselt."

Karamello: „Oh, ich muss ganz dringend raus. Jetzt sofort!
Sonst gibt es ein Unglück!"

Erzählerin: „Plötzlich sieht er Erbse auf dem Schulhof.
Erbse ist kein Gemüse, sondern eine Katze.
Eine Katze, die Karamello ü-ber-haupt nicht leiden kann.
Er vergisst, dass er mal muss."

Karamello: „Oh nein, nicht die schon wieder!
Ich will hier rauuuuuusssss!
Erbse! Wenn ich dich erwische, dann, dann ...!
IRGENDWAS passiert dann."

Erzählerin: „In dem Moment kommt Sina und streichelt ihn.
Erbse sieht das."

Erbse: „Oh, Karamello ist im Anmarsch.
Da suche ich mir lieber ein sicheres Plätzchen!"

Sina: „Karamello, du Armer! Musst du raus?
Komm, ich mach dir die Tür au ..."

Erzählerin: „Die Tür ist noch gar nicht ganz offen,
da saust Karamello wie ein Pfeil auf den Schulhof,
direkt auf Erbse zu."

Sina: „Halt, stopp, Karamello! Lass Erbse in Ruhe, du ..."

Erzählerin: „Aber Karamello erwischt Erbse gar nicht."

Erbse: „Tja, Karamello. Das ist eindeutig zu hoch für dich!"

Erzählerin: „Sie sitzt jetzt ganz oben im Baum und schaut zu Karamello nach unten."

Erbse: „Uhh, das ist jetzt doch seeeehr hoch."

Erzählerin: „Sie miaut leise und Karamello spitzt die Ohren."

Karamello: „Das klingt gar nicht gut, die Arme! Wie kommt sie da nur wieder herunter?"

Erzählerin: „Es tut ihm leid, dass er Erbse gejagt hat. Eigentlich mag er Erbse auch ein bisschen. Seine Ohren hängen und sein Schwanz auch. In diesem Moment hört er die Stimme von Sina."

Sina: „Karamello, wo bist du denn? Los, komm, ich muss zum Unterricht! Und wo ist denn Erbse?"

Erzählerin: „Aber Karamello hört nicht auf sie, sondern fängt ganz laut zu bellen an. So lange, bis sogar Hausmeister Kalle ihn unten am Baum entdeckt."

Hausmeister: „Karamello, was ist denn los? Was machst du denn für einen Krach? So kenne ich dich gar nicht!"

Erzählerin: „Karamello schaut nach oben in den Baum. Kalle und Sina auch."

Hausmeister: „Oh je, Erbse! Da ist guter Rat teuer."

Name:

3 Der Einkauf

Karamello liegt in seinem Korb und döst ein bisschen. Plötzlich hört er Annas Stimme: „Karamello, wo bist du? Komm, wir gehen einkaufen!“

„Einkaufen?!”, Karamello wedelt mit dem Schwanz. Er grinst von einem Ohr zum anderen.

Immer, wenn Anna aus dem Supermarkt vom Einkaufen kommt, gibt es für ihn ein Stückchen Wurst.

Und heute darf er sogar mit! Es ist sein Glückstag! Schnell holt er die Leine und legt sie vor Anna auf den Boden.

Sie machen sich auf den Weg.

Vor dem Supermarkt bindet Anna Karamello an den Fahrradständer. Sie sagt: „Karamello, Platz und bleib. Ich komme gleich wieder.“ Sie streichelt ihn kurz und ziept ihn ein bisschen an einem Schlappohr.

Karamello ist entsetzt. Er soll alleine hier sitzen bleiben? Obwohl es dort Wurst gibt, so viel er sich denken kann?

Nach fünf Minuten ist ihm langweilig. Er zieht und zerrt an der Leine. Sein Halsband ist schon ganz locker. Vielleicht lässt es sich ja abschütteln?

Anna ist inzwischen im Supermarkt und kauft ein. Plötzlich flitzt ein brauner Strich an ihr vorbei, direkt auf die Wursttheke zu.

Name:

Anna ahnt FÜRCHTERLICHES.

Dann hört sie eine laute Stimme: „Ahhhh, ein Hund! Raus hier, der darf hier nicht rein. Der klaut die ganze Wurst, husch, los, raus hier!“

Mit einem Besen scheucht die Verkäuferin den braunen Blitz von der Wursttheke weg.

Eine andere Stimme ruft: „Hunde im Supermarkt, ihhh, das ist unhygienisch! Wem gehört der Hund? Bringt den Hund raus!“

Anna überlegt kurz. Ihr Herz schlägt ganz schnell. Sie lässt den Einkaufswagen stehen und rennt dem braunen Blitz hinterher.

Am Fahrradständer sitzt Karamello ganz brav und schleckt sich übers Maul.

Anna bückt sich und streichelt Karamello: „Du bist ein ganz Braver. Ich dachte schon …“

Plötzlich stutzt sie. Karamello hat gar kein Halsband mehr um.

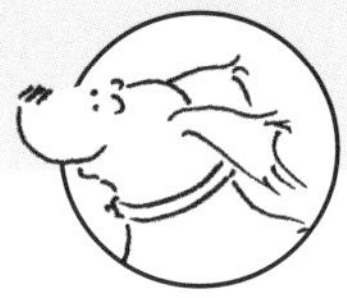

Name:

3 Der Einkauf

Erzähler: „Karamello liegt in seinem Korb und döst ein bisschen.
Plötzlich hört er Annas Stimme."

Anna: „Karamello, wo bist du? Komm, wir gehen einkaufen!"

Erzähler: „Karamello wedelt mit dem Schwanz.
Er grinst von einem Ohr zum anderen."

Karamello: „Einkaufen?! Super!
Danach gibt es immer ein Stückchen Wurst.
Hey und heute darf ich sogar mit!
Das ist mein Glückstag!"

Erzähler: „Schnell holt er die Leine und legt sie vor Nora
auf den Boden. Sie machen sich auf den Weg.
Vor dem Supermarkt bindet Anna
Karamello an den Fahrradständer."

Anna: „Karamello, Platz und bleib. Ich komme gleich wieder."

Erzähler: „Sie streichelt ihn kurz und ziept ein bisschen
an einem Schlappohr."

Karamello: „Wie? Ich soll hier alleine sitzen bleiben?
Obwohl es dort Wurst gibt,
so viel ich mir vorstellen kann?!"

Erzähler: „Nach fünf Minuten ist ihm langweilig.
Er zieht und zerrt an der Leine."

Karamello: „Vielleicht geht das Ding ja runter?!
Es ist schon ganz locker."

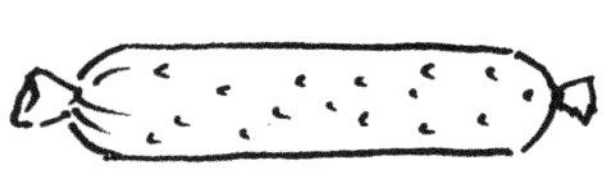

Name:

Erzähler: „Anna ist inzwischen im Supermarkt und kauft ein.
Plötzlich flitzt ein brauner Strich an ihr vorbei,
direkt auf die Wursttheke zu."

Anna: „Was war das denn? Ein brauner Strich?
Der sah aus wie ..."

Erzähler: „Dann hört sie eine laute Stimme."

Verkäuferin: „Ahhhh, ein Hund! Raus hier, der darf hier nicht rein.
Der klaut die ganze Wurst, husch, los, raus hier!"

Verkäufer: „Hunde im Supermarkt, ihhh, das ist unhygienisch!
Wem gehört der Hund? Bringt den Hund raus!"

Verkäuferin: „Ja, WEM gehört dieser Hund?"

Verkäufer: „So etwas darf ÜBERHAUPT nicht passieren!"

Anna: „Was ist denn das für ein Geschrei?"

Erzähler: „Ihr Herz schlägt ganz schnell.
Sie lässt den Einkaufswagen stehen und rennt.
Am Fahrradständer sitzt Karamello ganz brav
und schleckt sich übers Maul."

Karamello: „Ah, da kommt sie ja. Mal sehen, ob sie etwas sagt!"

Anna: „Du bist ein ganz Braver. Ich dachte schon ..."

Erzähler: „Plötzlich stutzt sie.
Karamello hat gar kein Halsband mehr um."

Name:

4 Der Streit

Heute läuft alles schief. Mattis kommt aus dem Kindergarten zurück und hat schlechte Laune. Im Kindergarten hat sein Freund seine Burg kaputt gemacht. Und dabei gelacht.

Er denkt: „Das ist so gemein, gemein, gemein. Jonas ist nicht mehr mein Freund. Nie, nie wieder."

Er ruft nach Anna. Das ist seine Mama. Aber Anna hört ihn nicht.

Dann rennt er in Noras Zimmer. Nora ist seine Schwester. Sie liegt auf ihrem Bett und liest ein Buch.

Karamello liegt neben ihrem Bett und döst. Sein Schwanz zuckt leicht hin und her. Er denkt bestimmt an eine Mäusejagd.

Plötzlich öffnet er ein Auge und schaut Mattis an. Er denkt: „Oha, da hat einer schlechte Laune. Hoffentlich ist die bald wieder vorbei!"

Mattis tippt Nora an: „Nora, Jonas hat vorhin …" Aber Nora sagt nur: „Pst, nein, jetzt nicht, lass mich in Ruhe. Ich lese."

Mattis sagt nochmal: „Nora, Jonas ist so fies, er hat heute Morgen ..."

Aber Nora antwortet nicht. Sie liest. Und da will sie nicht gestört werden.

Mattis schreit plötzlich ganz laut: „Nora, hör doch zu!"

Name:

Nora erschrickt und klappt ihr Buch zu. Sie ruft: „Mamaaaaa, Mattis lässt mich nicht in Ruhe. Er stört mich die ganze Zeit! Er ist unmöglich!“

Da kommt Mama ins Zimmer und schaut sich die beiden an. Sie sagt: „Mattis, komm mit mir. Was ist denn los? Lass Nora in Ruhe.“

Mattis will nicht. Er liegt auf dem Boden und heult: „Ihr seid alle so gemein! So wie der blöde Jonas!“

Nora verdreht die Augen: „Mattis, das ist doch nur eine Burg. Morgen baust du eine neue! Vielleicht hilft dir Jonas dabei!“

Aber Mattis heult weiter. Er hat schon einen ganz roten Kopf und seine Nase läuft.

Da steht Karamello auf und geht zu ihm. Er stupst ihn mit der Nase an und schleckt ihm einmal quer über das Gesicht. Er denkt: „Oh, schmeckt das salzig, aber auch lecker.“

Aber Jonas will nicht abgeschleckt werden. Er ist immer noch wütend und schubst Karamello weg. Er brüllt: „Nein, lass das, lass mich in Ruhe!“

Karamello ist ganz verwundert. Mattis ist sein Freund und jetzt schubst er ihn weg?

Er versucht es noch einmal. Wieder schleckt er Mattis quer über das Gesicht.

Da muss Mattis plötzlich lachen. Er umarmt Karamello und sagt: „Karamello, du bist mein bester Freund!“

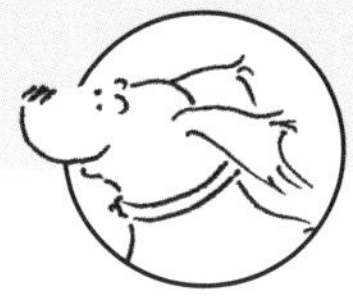

Name:

4 Der Streit

Erzählerin: „Heute läuft alles schief. Mattis kommt aus dem Kindergarten zurück und hat schlechte Laune. Im Kindergarten hat sein Freund seine Burg kaputt gemacht. Und dabei gelacht."

Mattis: „Das ist so gemein, gemein, gemein. Jonas ist nicht mehr mein Freund. Nie, nie wieder!"

Erzählerin: „Mattis ruft nach Anna. Anna ist seine Mama. Aber sie hört ihn nicht. Dann rennt er zu seiner Schwester Nora. Sie liegt auf ihrem Bett und liest ein Buch. Karamello liegt daneben und döst."

Karamello: „Oha, da hat einer schlechte Laune. Hoffentlich ist die bald wieder vorbei!"

Mattis: „Nora, Noraaa, Jonas ist so gemein, er hat vorhin …"

Nora: „Pst, nein, jetzt nicht. Lass mich in Ruhe. Ich lese."

Mattis: „Nora, Jonas ist so fies, er hat heute Morgen …"

Erzählerin: „Aber Nora antwortet nicht. Sie liest. Und da will sie nicht gestört werden."

Mattis (laut): „Nora, hör doch zuuuuu!"

Erzählerin: „Nora erschrickt und klappt ihr Buch zu."

Nora: „Mama, Mamaaaaa, Mattis lässt mich nicht in Ruhe. Er stört mich die ganze Zeit! Er ist unmöglich!"

Name:

Mama: „Mattis, komm mit mir. Was ist denn los?
Lass Nora in Ruhe. Sag, was ist passiert?“

Erzählerin: „Mattis will nicht. Er liegt auf dem Boden und heult.“

Mattis: „Ihr seid alle so gemein! So wie der blöde Jonas!“

Nora: „Mattis, das ist doch nur eine Burg. Morgen baust
du eine neue! Vielleicht hilft dir Jonas dabei!“

Erzählerin: „Aber Mattis heult weiter. Er hat schon einen
ganz roten Kopf und seine Nase läuft.
Da steht Karamello auf und geht zu Jonas.
Er stupst ihn mit der Nase an und schleckt ihm
einmal quer über das Gesicht.“

Karamello: „Oh, schmeckt das salzig. Aber auch lecker!“

Erzählerin: „Aber Mattis will nicht abgeschleckt werden.
Er ist immer noch wütend und schubst Karamello weg.“

Mattis: „Nein, lass das, lass mich in Ruhe!“

Karamello: „Mattis ist doch mein Freund,
warum schubst er mich weg?“

Erzählerin: „Er versucht es noch einmal.
Wieder schleckt er Mattis quer über das Gesicht.
Jetzt muss Mattis lachen. Er umarmt Karamello.“

Mattis: „Karamello, du bist mein bester Freund!“

Name:

5 Das Schulfest

Das Schuljahr geht zu Ende. In einer Woche gibt es Zeugnisse und dann findet das Klassenfest statt. Es muss noch viel vorbereitet werden. „Was gibt es zu essen? Wer hat eine Idee?“, fragt Abdul.

Karamello spitzt die Ohren. Er denkt: „Hoffentlich Salami! Ein Fest ohne Salami ist kein Fest!“

„Wir wollen auch das Klassenzimmer schmücken. Ich bastle eine Girlande“, sagt Esra.

„Ich helfe mit!“, ruft Abdul.

„Getränke brauchen wir auch. Gibt es Cola oder nur Saft und Wasser?“, fragt Paul.

„Musik, wir brauchen auch Musik!“, ruft Esa.

Alle reden durcheinander. Es ist laut im Klassenzimmer.

Karamello fängt an zu bellen und rennt durch das Klassenzimmer. Er will auch mitmachen!

In dem Moment sagt Anna: „Ach, was machen wir denn mit Karamello an diesem Tag? Ich glaube, es ist besser für ihn, wenn er an diesem Tag zu Hause bleibt.“

Es wird ganz still im Klassenzimmer. Karamello setzt sich schnell hin.

Er denkt: „Zu Hause? Ich, alleine? Wenn alle meine Freunde ein Fest feiern? Das geht auf keinen Fall. Ich muss dabei sein!“

Name:

Er schaut Paul an, dann Johannes, dann Esra, dann Abdul. Dann schauen sich Paul, Johannes, Esra und Abdul an. Gleichzeitig sagen sie: „Ein Klassenfest ohne Karamello ist kein Klassenfest!“

Dann rufen wieder alle durcheinander: „Ja, ohne Karamello geht es nicht!“ „Karamello gehört dazu!“ „Er muss einfach dabei sein!“

Anna überlegt kurz, dann sagt sie laut: „Ok, das war eine dumme Idee. Ihr habt recht, kein Fest ohne Karamello! Vielleicht kann er auch etwas zum Fest beitragen?“

Wieder reden alle durcheinander. „Er könnte seinen Schwanz fangen!“ „Er kann doch so gut …“ „Seine Tricks sind doch klasse!“

Karamello wedelt heftig mit dem Schwanz. „Das sind gute Ideen. Das klappt bestimmt!“, denkt er.

In dem Moment klingelt es.

Anna ruft noch: „Kinder, morgen entscheiden wir, was wir genau machen! Ihr könnt nach Hause gehen. Auf Wiedersehen!“

Als alle Kinder weg sind, streichelt sie Karamello und flüstert ihm ins Ohr: „Du … Idee … lachen ...!“

Karamellos Schwanz wedelt heftig, seine Ohren wackeln. Er denkt: „Das wird vielleicht eine Überraschung!“

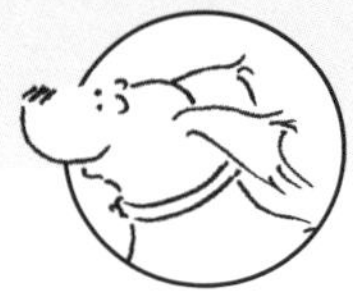

Name:

5 Das Schulfest

Erzähler: „Das Schuljahr geht zu Ende. In einer Woche gibt es Zeugnisse und das Klassenfest findet statt. Es muss noch viel vorbereitet werden."

Abdul: „Was gibt es zu essen? Wer hat eine Idee?"

Karamello: „Hoffentlich Salami! Ein Fest ohne Salami ist kein Fest!"

Esra: „Wir wollen auch das Klassenzimmer schmücken. Ich bastle eine Girlande. Wer hilft mir?"

Abdul: „Ich helfe mit!"

Paul: „Getränke brauchen wir auch. Gibt es Cola oder nur Saft und Wasser?"

Esra: „Musik, wir brauchen auch Musik!"

Erzähler: „Alle reden durcheinander. Karamello fängt an zu bellen und rennt durch das Klassenzimmer."

Karamello: „Wuff, ich will auch mitmachen! Das wird bestimmt lustig!"

Anna: „Ach, was machen wir denn mit Karamello? Es ist sicher besser für ihn, wenn er zu Hause bleibt."

Erzähler: „Es wird ganz still im Klassenzimmer. Karamello setzt sich schnell hin."

Karamello: „Zu Hause? Ich, alleine? Wenn alle meine Freunde ein Fest feiern? Das geht auf keinen Fall. Ich muss dabei sein!"

Erzähler: „Karamello schaut Paul an, dann Johannes, dann Esra, dann Abdul. Dann schauen sich Paul, Johannes, Esra und Abdul an.“

Paul: „Ein Klassenfest ohne Karamello ist kein Klassenfest!“

Esra: „Ja, ohne Karamello geht es nicht!“

Anna: „Ok, ihr habt recht, kein Fest ohne Karamello! Vielleicht kann er etwas zum Fest beitragen?“

Erzähler: „Wieder reden alle durcheinander.“

Abdul: „Er könnte seinen Schwanz fangen!“

Paul: „Seine Tricks sind klasse!“

Erzähler: „Karamello wedelt heftig mit dem Schwanz.“

Karamello: „Das sind gute Ideen. Das klappt bestimmt!“

Anna: „Oh, es klingelt schon. Kinder, wir entscheiden morgen, was wir machen! Geht nach Hause! Auf Wiedersehen!“

Erzähler: „Als alle Kinder weg sind, streichelt sie Karamello und flüstert ihm etwas ins Ohr."

Anna: „Du ... Idee ... lachen ...!“

Erzähler: „Karamellos Schwanz wedelt heftig, seine Ohren wackeln.“

Karamello: „Das wird vielleicht eine Überraschung!“

Bertschi-Kaufmann, Andrea (Hg.) (2015).
Lesekompetenz, Leseleistung, Leseförderung. Grundlagen, Modelle und Materialien. 5. Auflage.
Zug: Velber.

Bredel, Ursula; Fuhrhop, Nanna; Noack, Christina (2011).
Wie Kinder lesen und schreiben lernen.
Tübingen: Franke.

Lauer-Schmalzt, Marie; Rosebrock, Cornelia; Gold, Andreas (2014).
Lautlesetandems in der Grundschule – Bedingungen und Grenzen ihrer Wirksamkeit.
In: Didaktik Deutsch 19 (37), S. 44 – 61.

Nix, Daniel (2011).
Förderung der Leseflüssigkeit. Theoretische Fundierung und empirische Überprüfung eines koperativen Lautleseverfahrens im Deutschunterricht.
Weinheim, München: Juventa.

Rosebrock, Cornelia; Nix, Daniel (2017).
Grundlagen der Lesedidaktik.
Baltmannsweiler: Schneider Verlag Hohengehren.

Rosebrock, Cornelia; Nix, Daniel; Rieckmann, Carola; Gold, Andreas (2011).
Leseflüssigkeit fördern. Lautleseverfahren für die Primar- und Sekundarstufe.
Leipzig: Klett.

Schrüder-Lenzen, Agi (2013).
Schriftspracherwerb.
Wiebaden: Springer.